Winter-Wunder Weihnachtszeit

Gedichte zur beschaulichsten Zeit des Jahres

AF221120

von
Brigitta Manuela Baumann

Herstellung und Verlag
Books on Demand GmbH, Norderstedt
ISBN: 9783752877083

Texte Urheber
Brigitta Manuela Baumann
Illustrationen
Brigitta Manuela Baumann

Layout & Design & Covergestaltung
Diana Baumann
www.devalavie.com

Apfelstrudel

In Grossmutters Stube
riecht es so fein
nach Apfelspalten, Zimt
und warmer Butter
nach herrlich frischem Strudelteig.
Sie walkt und formt und knetet
ich rühr die saft´gen Spalten
mit warmen Bröseln um.
Geb Nüsse und Rosinen bei
und eine Brise Rum.
Mit leuchtend wachen Augen
belegen wir den Teig
mit leck´rer Apfelfülle
bestreichen ihn mit Butter gelb
berühr´n die zarte Hülle.
Und in des Ofens heissen Schlund
entfaltet sich das
zimtgeschwängerte Aroma.
Ich freu mich so
mein Herz ist weit
umarme meine Oma.
Gemeinsam oh geniessen wir
das wundervoll Gelingen.
Des Apfelstrudels warmer Traum
beschenkt uns gross
es liegt das Glück so nah
in vielen kleinen Dingen.

Der Schlitten

Hinaus, hinaus aufs weiße Feld
hinauf, gar hurtig
auf des Hügels
glitzernd lockend Kuppe.
Mit vereinten Kräften
ziehen sie den alten Schlitten
keuchend, lachend, schwitzend
den schneebedeckten Hang entlang.
Massives Handwerk
geformt von Urgroßvaters Hand
bahnt es sich mit rost´gen Kufen
beharrlich seinen Weg
die kreischend Kinderschar
auf dem ledergeschnürrten Rücken.
So geht es bergab
über Stock und Stein
oh welche Wonne, welche Pein
denkt der alte, schwere Schlitten
wehmütig, doch stolz.
„Will ich Kind oder Schlitten sein?"
Hui, saust er dahin
Freiheit, Weisheit in sich vereint.
„Ich bin und bleib der Schlitten
gebaut aus hartem Buchenholz
überdauere ich Generationen.
Erlebe die Welt aus meiner Sicht
doch das was sich nie verändert
ist der Kinder reine Wonne
wenn ich sie trage
durch des Winters Glitzerlicht."

Bratapfel und Vanilleduft

Kinderlachen erfüllt das Haus
ja, es ist Ferienzeit.
Sie rufen, jauchzen
lassen frei heraus
was ihr junges Herz begehrt.
Sie turnen auf dem Schaukelpferd
erschaffen hohe Türme
sie malen Schlösser groß und weit
nichts ahnend
von des Schicksals Stürme.
Sie sind des Glückes reines Sein
im Hier und Jetzt voll Leben
und halten inne, atmen tief
mit allen Sinnen
sehnsuchtsvollem Beben.
Der süße Duft des Apfels Herz
strömt durch des Hauses Gänge
voll Freude stürmen sie den Raum
in dessen Mitte ruht die Pracht
die Gaumen, Zunge, Mund und Hände
zu gierig lechzend Brüdern macht.
Ein Blick der Mutter
und es wird still
und leuchtend Kinderaugen
liebkosen den Vanilleschaum
in dessen Mitte eingebettet
thront von Marmelade rot gekrönt
der Bratapfel duftend süß
der Kinder heimlich
Weihnachtstraum.

Der Schneemann

Fröhlich tanzt die Flockenschar
vom grauen Himmelsfeld
und türmt in sanftem Fallen sich
still auf
zu einer weißen Welt.
Lockt und ruft der Kinder Herz
in den Märchengarten
wo des Schnees glitzernd Fülle
es kaum noch kann erwarten.
Und mit Kichern, Lachen, Stöhnen
formen Kinderhände zart
die weiße Pracht zu prallen Formen
und des Schneemanns Sein erwacht.
Lächelnd blickt er in die Ferne
seine Backen kugelrund
das Haupt gekrönt
mit Weihnachtssternen
die Nase rot und urgesund
der Mund ein Blatt vom Birkenbaum
getrocknet, fein geädert
und in der Hand der alte Besen
vom treuen Dienst
gar arg zerfledert.
So tanzt den froh die Kinderschar
um den Schneemann rundherum
singt gar frei die lust'gen Lieder
und der Schneemann still genießt
dies Spiel
jedes Jahr aufs Neue wieder.

Der Gabentisch

Vernimmst voll Freude Du
der Weihnacht
hoffnungsreiche Lieder.
Bist Du bereit
für des Friede wärmend Kraft.
Lässt Du Dich
satt an Leben
erfüllt von Dankbarkeit
zu seinen Füssen nieder
so nimm ihn wahr
den lichten Gabentisch
auch als Symbol
für die Stationen
Deines Lebens.
Für Dein Wollen
Streben, Geben
für freudvoll Miteinander
für Hegen, Nähren, Wägen.
Erkenn das alles
was Du brauchst
reich hier vorhanden ist
und es sich
mehrt und mehrt
wenn Du aus
vollem Herzen gibst.

Der Küchenherd

Mein alter Freund
Gefährte
heiler Kindheitsjahre
Du bist und bleibst
das starke Herz im Elternhaus.
Du wärmst uns
nährst uns all die Jahre
Du bist der Freude
reines Kind
bist Quelle
der Geborgenheit.
Erhellst mein Herz
voll Sehnsucht still
mit Deinem uralt Lied
von Freude und Vertrauen
das dieser Welt verwirrend
Fordern, Wollen, Zwang
durch Beständigkeit
besiegt.

Schnee

Es fallen die Flocken
in üppiger Pracht
bedecken die Erde
sanft über Nacht.
Schneeweiße Wehen
Daunendecken gleich
erschaffen für Dich
liebes Kind
ein Spieleland
so wunderreich.
Lachend lässt Du Dich fallen
hinein in das strahlende Weiß
erfüllst mit Freude und Wärme
das kunstvoll schimmernde Eis.
Voll Wonne erschaffst
Du Dir Wesen
den Schneemann, die Fee
und den Gnom.
Ein Wintertag
erfüllt von Kinderlachen
ist wie ein geheiligter Dom.

Der Teddybär

Mit großen
dunklen Kulleraugen
betrachtet er die Welt
mit Tatzen groß und weich
er sanft das Blümlein hält.
Sein Bäuchlein
satt und kugelrund
brummt glücklich vor sich hin
die weichen Ohren aufgestellt
lauscht er auf Tapsen
Trippeln, Laufen
sehnt er herbei
die Kinderschar
die lacht und spielt
und singt und tobt
ihn fordert
labt und hält
im warmen Arm geborgen
will glücklich er verschnaufen.

Der Weihnachtsbaum

Langsamen, behäbigen Schrittes
stapfen wir durch den Wald
der Sonne letzte Strahlen
in Tannenwipfeln brechen
des Atems Hauch erstarrt
es ist gar bitter kalt.

Doch suchen wir den einen
den schönsten Baum von allen
um ihn nach Haus zu tragen
im Lichte zu erstrahlen.

Den Wunderbaum der Liebe
Den Freund in dunkler Zeit
Sein Duft
Sein Licht
Sein unvergänglich´ Grün
lässt uns erinnern
sanfter sein
lässt uns in Frieden einen
die Körper und die Seelen
den Geist erfüllt von Einem
den lichtvoll wir erwählen
in Pracht und Herrlichkeit
zur Weihnachtszeit.

Der Weihnachtsstern

In tiefer Schwärze
ruht die Nacht
und atmet Friede aus.
Der Menschen Geist
im Schlafe wirkt
so sanft durchlichtet
sein Zuhaus.
Und auf des Himmels
weitem Feld
erstrahlt ein lichter Schein
er wächst und weitet
dehnt sich aus
mit goldnen Glimmerflecken
formt sich zu einem edlen Stern
um Seelen zu erwecken
sie zu erinnern
an der Liebe göttlich Quell
den Weg zu weisen
in das Zentrum heilen Seins.
Der Weihnachtsstern
voll sanftem Licht
führt hoffnungsreich
uns heim.

Bratäpfel

Voll Sehnsucht eilst du
froh nach Haus
willst schnell
im wohlig Warmen sein.
Voll Freude öffnet sich die Tür
lädt Dich ins heimelige Innere ein.
Voll Wonne schnuppert
Dein Näschen
den unbeschreiblichen
den kostbaren Duft.
„Bratäpfel" jubelt Dein Kinderherz
und „Essen ist fertig!" die Mutter nun ruft.
Voll Erwartung versammeln sich alle
im Wohnraum am offnen Kamin.
Lodernd tanzen die Flammen
während seelenlabende Aromen
verheissungsvoll durchs Zimmer zieh´n.
Glücklich leuchtende Augen
die Münder schon selig bereit
den duftenden Schmaus zu empfangen
kostend, schmeckend
genießend, sich labend
voll Dank für die köstliche Gabe
die Mutter hat bereitet uns heut.

Christbaum schmücken

Ein Lachen und Schnattern
tönt aus dem Raum
der festlich beleuchtet
dich lockt, ruft und Dir zuraunt
„Tritt ein, komm herbei
und teile die Freude
die wir gemeinsam
hier erleben nun heute.
Dem Tannenbäumchen
ein Kleidchen zu geben
mit Kugeln so bunt
hell strahlend vor Leben.
Mit Sternenglanz und Glitter
wollen wir ihn verwöhnen
während Weihnachtslieder
aus Kinderkehlen tönen.
Mit Zuckerwerk und Windbäckerei
mit Schokoladenschirmchen so lecker
mit Biskuit-Engeln so fein vom Zuckerbäcker.
Mit goldenen Kerzen voll Honigduft
Erwartung atmet durchs Haus
Weihnachtsfreude
schwängert die Luft.

Der Brotlaib

Im warmen Bauch der Küche
wohl geborgen
vollzieht sie das vertraute Ritual
des Kneten, Walken, Formens.
Summt in Wohlbehagen Lieder
Kindheitsmelodien
vergess´ne Wiegenlieder.
Und ihre inn´ren Bilder ziehen
in sanfter Schönheit
vor ihrem geist´gen Aug´ vorbei.

So bildet sie denn Laib um Laib.
Erfüllt von Harmonie
und stiller Freud am Leben
schiebt sie das edle Gut
in des Ofens heißen Schlund
lässt ihn voll Lust
im Feuersturm erbeben.

Schon bald erfüllt der herrlich´ Duft
der Küche traute Stille
und das knusprig frische Brot
landet in der Leinenhülle
im Körbchen auf dem Tisch
bereit der Kinderbäuche Sehnen
satt zu stillen.

Der Mutter Freund

Des Winters Sturm
umtost das Haus
lässt zittern seine Glieder.
Im Innern doch ist's
licht und warm
erstrahlen heile Bilder.
Der Tannenbaum
von Licht umkrönt
verströmt uredlen Zauber
der Kinder Lieder
tief berühren
das alte Herz
es seufzt und atmet wieder
schenkt Wärme und Geborgenheit
still fließt sie durch die Räume
erfüllt der Mutter
dankbar Sinn
vertreibt der Kälte
dunkle Träume.
Voll Zärtlichkeit der Mutter Hand
streicht liebevoll den Herd entlang
ihr guter Freund
zu jeder Zeit
ist er bereit zu geben
des Feuers heißen Atemstrom
des Hauses Herz
gewährt voll Kraft
im Innern
heiles Leben.

Die Spielzeugeisenbahn

Tut, tut tönt die Lok
und rattert
mit ihren bunten Waggons
hurtig um den Tannenbaum
weiter zum
leuchtend roten Blumenstock.
Quak, Quak ruft die Ente
bleib doch mal stehn
will Deine Maschine sehn
will wissen woher kommt
all der Rauch
schmauch, schmauch.

Hurtig hält die Eisenbahn
lädt das Entlein ein
fährt mit ihm im Kreis herum
um es zu erfreuen.

Teddybrumm
am Bahnsteig steht
lächelnd und bereit
die Lok schnieft Rauch
begrüsst ihn schnell
und weiter geht die Reise.

Ins Spiel vertieft, die Zeit verrinnt
doch plötzlich laut ein Ruf erklingt:
„Komm zur Mahlzeit Peter, schnell!"
Die Lok steht still gleich auf der Stell
und schliesst die müden Äuglein zu.

Die Puppe

In der Kinderstube
kuscheliger Geborgenheit
träum ich vor mich hin
von frührer Zeit.
Von Nachmittagen
bei Tee und Kuchen.
Von Freundinnen
und ihren Besuchen.
Von Kinderlachen
Spitzen, Rüschen.
Von Teddys
heimlich schüchtern Küssen.
Lang, so lang ist´s her
so still meine Zeit
Ich Puppe, Mariechen
schwelge in der Vergangenheit.

Engelshaar

Ein lieblich Duft
erfüllt den Raum
trägt zarte Süsse
Heimat hier in mir
umweht mit Freud
den Tannenbaum.
Mein Herz so voll
der Wärme Kind
durchatmet satte Räume.
Ein Silberhaar
so glänzend rein
ein Hauch von
tief Geborgensein.
Es schimmert, leuchtet
lacht und ruft.
Ein Engelshaar
voll Gottesduft
erhellt die Weihnachtsträume.
Ich streichle zart
den kostbar Flaum
und atme ein
der Gnade reine Kraft
die jetzt in mir
zur Weihnachtszeit
der Liebe
reine Wunder schafft.

Erwartung

Das Haus es ruht
gar tief verschneit
am Waldesrand
gelegen.
Aus seinen Fenstern
leuchtet hell
der Weihnacht
lichtvoll Segen.
Und Lieder
tönen durch die Nacht
berühren Herz und Seele.
Von Freud erfüllt
halte ich Wacht
den Glockenschlag ich zähle.
Und plötzlich öffnen
Tür und Tor sich
sie laden ein
zum großen Feste
und Lieb und Treu
und Achtsamkeit
sind Christfests edle Gäste.

Geborgenheit

Draußen singen
die Stürme
wirbeln krachend
ums Haus.
Eiskalter Regen
peitscht die Fensterscheiben
tobender Tanz der Natur
verschreckt Vogel, Hase und Maus.
Doch im Innern ist es gar wohlig
voll Wärme in jedem Raum
die Wesen ganz still
so dankbar für ihr Daheim
so glücklich für
sattes Geborgensein.
Ihr Herz ist erfüllt
es verlangt nicht soviel.

Herdgesang

Getrieben von des Sturmes
eisig fordernd Macht
streb ich dem Hause zu
das einsam in der Dunkelheit
mit einem zarten Lichtschein
lockend mir entgegen lacht.
Ich trete ein
schlag zu die Tür
und bann des Sturmes herrisch Toben.
Leg ab den Mantel, Schal und Mütze
streif ab der Stiefel schwere Last
und atme auf
fühl Wohlbehagen
mit sanftem Hauch
mein Sein umhüllen.
Streb zu des Herdes
wohlig Wärme
lausch seinem Lied
in stiller Freud
und lege ab
die Lasten, Ängste, Sorgen
lass mich vor seinem
singend Herzen nieder
im Schaukelstuhl
mit einer Tasse dampfend Tee
und denk nicht mehr an Morgen.

Im Kerzenschein

Es ist die Stille
in den Räumen
die samtig Umarmung
von Mutter Nacht.
Die meiner Seele
Ängste wach ruft
in dieser
mondlosen finsteren Nacht.

So suche ich tastend
nach Erlösung
entflamm der Weihnachtskerze
rußig Docht
bis ihre goldene Flamme
knistert, tanzt und flackert
orangerot lodernd
wild und hoch.

Und ihre hellen Lichter malen
mir fröhlich Bilder
an die Wand
die tröstend
hoffnungsschwanger strahlen
mich stärkend
nehmen an der Hand
und führen mich
voll Zuversicht
in ein Zauberreich
aus Traum und Licht.

Kaminfeuer

Komm heim
mein Liebster
komm heim
ich öffne Dir das Tor
sollst willkommen uns sein.
Dein Collie stürmt freudvoll heran
hüpft, jault, tanzt und springt
Dein Kommen Lachen
ins Haus uns bringt.
Tritt ein
leg ab des Tages Lasten
wohlig umfängt Dich die Wärme
der prasselnden Scheite im Kamin
die singen, Geborgenheit verheißen
dich begrüssen und umfangen
mit heilvollem Sinn.
Lass Dich nieder
genieß Deine Zeit
zu Hause am Feuer
die Tasse Tee in Deiner Hand.
Du hast sie verdient
der Weihnacht Zauberzeit
still erfüllt sie Dein Sein.
Ein Lächeln, ein Raunen
ein Seufzen und Staunen
berührt sein so tief
sei einfach bereit.

Kinderherz

Du bist so rein
so voll der Liebe.
Du bist so frei
der Unschuld
heiles Kind.
Du bist in Treue
dem Leben verbunden
wachse, reife
sei frei wie der Wind.
Lass Dich tragen
von des Zieles
lebensfrohem Strom
vernimm in Dir
Deines edlen
Kinderherzens Ton
und lebe Deine Lieder.

Lebkuchen

Gemeinsam mischen und kneten
wir emsig den braunen
den klebrigen Teig.
Die Hitze des Ofens
das Knarren des Tisches
voll Eifer sind wir bereit.
Idylle ist´s im eignen Heim
die Tage zu begrüssen
die uns geleiten zu der Nacht
wo Lieb´wird uns erlösen.
So formen wir die Wände
das Dach und auch das Tor
die Fenster deren viere
und Baum und Weg davor.
Die Kinderaugen leuchten
das Backwerk gut gelingt
Lebkuchenmännsleins Häuschen
die Freud ins Herz uns bringt.
Die duftenden Gewürze
des bunten Zuckers Pracht
der Kinder frohes Lachen
uns frei und dankbar macht.
Gemeinsam Tun macht glücklich
in dunkler Winternacht
im warmen Bauch der Küche
das Wunder wird vollbracht.

Lichtgeburt

Der Seele reine Uressenz
genährt von höchster Macht
wandert, wirkt, in Vielgestalt
durchbricht die dunkle Nacht
der Einsamkeit, der Leere
erhellt mit Sinn den Geist
befähigt zu ermessen
des Lebens Auftrag, Ziel
des Menschseins Prüfungsspiel.
Lenkt durch des Schicksals
mannigfach Gezeiten
prüft und befindet
stets bereit das Wesen
in die Lichtgeburt
das Erwachen
hin zum Eins-Sein
zu geleiten.

Sternenschein und Engelshaar

Erfreue dich oh Kinderherz
am Duft der Weihnachtskekse
genieße die Gemütlichkeit
als ob´s die Zeit nicht gebe.
Sei schwanger am Vanillehauch
des Apfels Duft gebraten
an Reisig, Harz und Zimtaroma
musst nicht mehr lange warten.
Der ersten Flocken zarter Tanz
vor Deinem Zimmerfenster
vertreibt die letzten Ängste
erlöst die Nachtgespenster.
Beim hellen Klang der Glocken
das Haus im Licht erstrahlt
die Herzen still frohlocken
denn es ist Weihnacht bald.

Tannenduft und Weihnachtslieder

Der harzig satte Duft
der silberhellen Tanne
erquickend frisch
voll Lebenskraft
belebt mein Herz
der Lunge Hunger
wird gestillt
in dieser einen Zaubernacht.
Voll Staunen
tönen Kinderherzen
der Weihnacht
freudvoll Lieder
im warmen Licht
der Christbaumkerzen
sink ich berührt
und dankbar nieder.
Preis Deine Schönheit
Dein Geschenk, oh edler Baum.
Du schenkst uns alle Jahre wieder
den einen, machtvoll Seelentraum.
Eins Sein mit dem Licht.

Vanillekipferl

Mutter, oh Mutter
erhör doch mein Fleh´n
lass mich kosten, schmecken
Zucker säen.
Vanilleduft den Raum erfüllt
mit warmen, satten Wolken.
Der alte Ofen fleißig heiß
pfeift hurtig seine Lieder
und schluckt voll Freude
Blech um Blech
gibt uns die Kipferl wieder.
Da liegen sie so zart und warm
auf weißen Leinendeckchen
mein Mund so hungrig nach dem Duft
die Lippen Zucker lecken.
Nur eines liebe Mutter mein
erbarm Dich mir
nur eines
dieser mürben, duftend Wesen
erbitt ich mir
das ich sie lass zergeh´n im Mund
und ehre deine Künste.
Vom Herzen spricht der flehend Sohn
mit leuchtend großen Augen
die Mutter lächelnd
still gewährt
ein Hochgenuss
ist ihm gewesen.

Vor dem Kamin

Nach des Tages
fordernd Wollen
kehr ich freudvoll
wieder heim.
Lass die Lasten alle fallen
bin ganz bei mir
so gern allein.

So knie ich summend
vor Dir nieder
schicht Hölzer, Reisig, Pappe auf
und im Tönen meiner Lieder
entflammst Du Dich
bist Wärme mir
meines Hauses
wohlig Bauch.

Und so sitz ich
auf dem Teppich
blick träumend
in des Feuers Glut.
Ich lieb mein Leben
lieb die Wärme.
Des Abends Ruh
vor Dir Kamin
tut meiner Seele
wahrhaft gut.

Weihnachtsglöckchen

Erwartung, Hoffnung
tiefes Sehnen
erfüllt den Raum
mit Spannung fein.
Der leuchtende Blick
umfängt die Tür
die führt ins Gabenzimmer rein.
Die Ohren spitz
in angestrengtem Lauschen
um ja den zarten Klang
nicht zu versäumen
schwelgen die Kinderherzen
in satten Weihnachtsträumen
erfüllt von Sehnsucht
nach des Glöckchens
erlösendem Ton.

Weihnachtsstimmung

Gleich Sternenflaum
fällt leicht der Schnee
deckt Äcker, Felder, Wiesen zu
bettet das Land, den Wald, den See
zur sanften Wintersruh.
Im reinen, weißen Glitzerkleid
atmet still das Leben aus
gibt sich hin
der Zeit der Ruhe
kehrt heim zu sich, nach Haus.
Und aus der Ferne
tönt der Glocke klarer Klang
erinnert, ruft und mahnt.
So werd ich still
und halte inne
der Weihnacht
Lichterglanz und Wärme
verzaubert meine Sinne.
Ich bin daheim.

Vanillepudding

Es köchelt am Herd
die schneeweiße Milch
betrachtet von Kinderaugen
voll Sehnsucht pur.

Die Mutter mischt
das feine Pulver
mit Zucker, Ei, Vanille
verrührt es hurtig, klümpchenfrei
gießt es zur heißen Milch
Juchhei
und unter stetem Rühren
entsteht der samtig gelbe Brei
verlockend, duftend
verheißungsvoll, so lecker
Verlangen erfüllt erwartungsvoll
die Stille.

Sie gießt ihn lachend
in die bunten Formen
umringt von eifrig Kinderhänden
zu schmücken ihn
mit Beeren, Nüssen, Flocken.
Die kleine Puddingkunstwerkschau
voll Freud gelingt
die Herzen wild frohlocken.

Des Vogels Wintertraum

Gleich Sternenstaub
so glitzernd fein
hüllt mich der Flocken
zarte Decke ringsum nun ein.
Sinnend sitz ich
auf der Stechpalme
schwingendem Ast
geborgen in mein
warmes Gefieder
tanzende Schneeflocken
zu Gast
träume ich satt vor mich hin
sehne herbei
des Frühlings Wärmegruß
den blühenden Neubeginn.

Winternacht

Der Tannenwald
verhüllt von Decken
flaumig weichen Schnees
träumt von Lichtern
warm und hell
der Menschen Geist
von Lieb beseelt.
Im immergrünen Herzen
der Bäume
lebt und wacht
der Schöpfung Weisheit uralt Sinn
zur Weihnacht sie erwacht
will neu geboren sein
im lichterfüllten Wesen
des göttlichen ICH BIN.

Zimtsterne

Das Herz voll Wärme
im freudvoll Tun
erschaffen Omas Hände
den süßen Teig
und lassen ihn ruhn.
Ich stehe dabei
mit großen Kinderaugen
voll Sehnsucht, Wollen tief in mir
und halt sie treu bereit
der alten Formen schlichte Pracht
um Sterne aus dem hellen Teig zu stechen.
Behutsam leg ich Stück um Stück
auf das verbeulte Backblech nieder
bepinsle ihre Ränder mit gelber Butter fein
schieb sie in des Ofens feurige Glut hinein
und lass sie goldgelb backen.
Ich tue es immer wieder.
Umweht von ihrem herrlich Duft
beträufle ich
mit Zuckerguss und feinstem Zimtaroma
die herrlich zarten Kekse
wie ich's gelernt von Oma.

Winterspaziergang

Der Kälte reiner Atemhauch
mich still umfängt
und Klarheits Trunk
erquicket meine Lungen.
Mit geröteten Wangen
stapfe ich durch des Winters
glitzernden Pelz
fühl wie sie weichen
all die Sorgen, Lasten
in der Freiheit Lebenstanz
darf ich gesunden.

Ich fühl des Mantels
wärmend Stoff
mich liebevoll umhüllen
verspür des Blutes Kraft
belebend Strom in mir.
Bin jetzt mit jedem Atemzug
der Schöpfung Schönheit
tief verbunden.
Oh Vater Winter
ich danke Dir.

Zur Christmette

Heimlich stapf ich durch den Schnee
auf leisen, schweren Pfoten
wie kalter Samt fühlt er sich an
ich weiß es wurd´ verboten.
Doch treibt die Sehnsucht
mich mit Zwang
dem hellen Licht entgegen
beleuchtet rings die Bäume sanft
hör Häschen leis´ sich regen.
Ich halte inne, schnuppre kurz
trapp weiter auf dem Pfade
der führt mich hin zur Mitternacht
zum Kirchlein am Gestade.
Ich öffne sacht das alte Tor
mit meiner Pfote willig Kraft
und schleich mich hin zu Dir mein Herr
halt redlich endlich bei Dir Wacht.
Du blickst mich an
wiegst still Dein Haupt
und tätschelst meinen Rücken.
Im Kerzenlicht das warm wie Gold
im Klang der Weihnachtslieder
erfüllt mich hier bei Dir mein Mensch
ein seelentief Entzücken.
Ich liebe sie die Weihnachtszeit
die Lichter und den Frieden
Hab gern sie meine Menschenschar
hat Heimat mir beschieden.

Die Marienmutter

Verklärt das zarte Antlitz
den Blick der lichten Augen
sanft gesenkt
nimmt sie das
edle Wesen wahr.
Das göttlich Kind
ihres Herzens Keim
geborgen sanft im Arm
steht sie die
Angebetete
von der Lilien
weißen Pracht
der Rosen Blüten
zart umkränzt.

Der Schönheit heiles Abbild
bist Du uns allen Mutter
Hoffnung, Wärme, Quell.
In weiche Schleier
bodenlang gehüllt
Dein seidig Haar
von Licht durchglänzt
schenkst Du uns
Sanftmut, Vertrauen, Liebe
Dein Licht
unser Herz mit Sinn erfüllt.

Die Weihnachtskrippe

Hinauf die steile Treppe
zur Mansarde unterm Dach
Jahraus, Jahrein verlassen
birgt sie doch Schatz um Schatz.

Wir stöbern emsig in den Truhen
in bunten Schachteln rund und groß
wir suchen nach dem Einen
der Eifer er ist riesengroß.

Wer findet sie zu allererst
erhält eine Belohnung
ein Zuckerwerk aus Erdbeermus
so lecker, ach so herrlich süß.
Ich würd´s so gerne schmecken.

Ich wühle mich durch Bücher
alt und staubig, voller Flecken
und öffne sacht den alten Kasten
er quietscht und knarrt
lässt lautstark grüssen.

Ich knie mich hin
halt still sie fest
den Augenblick genießend.
„Ich hab´sie!" ruf ich voll Zuversicht
heb zitternd an den Deckel
und siehe da, sie ist es wirklich.

In Wolle eingebettet
begrüß ich froh das Heil´ge Paar
still in der Krippe
das goldene Kind
umkrönt von weißem Engelshaar.
Es blickt mich an, aus großen Äuglein
in tief Vertrauen, wunderbar.

Behutsam trag ich´s im Karton
mit all den treu´Gefährten
hinunter in den warmen Raum
hör Weihnachtsglocken läuten.

Und unterm Baum bau ich sie auf
die gute alte Krippe
geformt aus Stein und Holz und Stroh
das Kindlein in der Mitte
umgeben von der Weisen Licht
umsorgt von Vater-Mutter-Liebe
erstrahlt das Bild
so rein und schlicht
das ich mir wünsch´
das ewig Weihnacht bliebe.

Die Winterrose

Erbebend im Eishauch
der tobenden Winterstürme
reckt mutig sich ein Keim empor
strebt magisch nach dem Licht.
Bescheidenheit im Herzen
geführt von innig Sehnen
wächst und entfaltet
der erste Bote des Neubeginns
sein hoffnungsreich Gesicht.
Die zarte Winterrose
in sanftem Weiß und Grün
trotz allen Kälteküssen
dem Schnee und auch dem Eis.
Ihr einzig Wollen, Streben
ist wachsen hin zum Licht
und freudvolles Erblühen.
Der Sonne sanfte Strahlen
berühren, wärmen, geben Kraft
der Winterrose Lebenshauch
des Erblühens heile Spur
das Leben neu erwacht.

Die Winterfee

Im eis´gen Wind
im klirrend Frost
erblüht Ihr edles Wesen.
Ihr Haar so weiß
wie reinster Schnee
ihr Blick
gefrorner Regen.

So erhebt sie sich
des Winters Fee
und wandert
durch die Lande.

Ihr Leib voll Anmut
Schwanengleich
ihr Umhang
Schneekristalle.

Ihr edler Fuß
erfriert den Grund
und ihrer Hände Kosen
verwandelt
Busch und Baum und Strauch
in weiße Winterrosen.

Ihr Atemhauch bedeckt das Land
mit strahlend klarem Eisesglanz
und lächelnd schreitet sie voran
vollzieht des Winters Tanz.

Kurzvita:

Brigitta Manuela Baumann geb. 5. Okt. 1960.

Ich unterrichte Ölmalerei und andere Möglichkeiten kreativer Selbstentfaltung.
Meine Liebe gilt der Dichtung und dem Schreiben von heilvollen, sinnhaften Geschichten, der Natur, den Tieren und der Unterstützung von Menschen in schwierigen Lebenssituationen.
Ich lebe mit meinen beiden Hunden auf einem 110 Jahre alten Hof im sonnigen Burgenland. Meine beiden Kinder sind erwachsen und in kreativen, selbstständigen Berufen tätig.
Mein Anliegen ist es stets das Heilvolle, das Gute, das Stärkende zu finden, dies kommt auch in meinen Geschichten und Gedichten zum Ausdruck, denn alles hat seinen Sinn, auch wenn es uns noch so schmerzt. Das Leben sollte uns nicht zerbrechen sondern reifen und wachsen lassen.

Brigitta Manuela Baumann
Künstlerin & Channel
Weltenkind

Gedichtbände & Bücher von Brigitta Manuela Baumann

Lieder der Seele
ISBN: 9783839155202

Kinder des Lichtes I
spirituelle Gedichte
Erinnerungen für die Seele
ISBN: 9783839193068

Erwachen
spirituelle Gedichte
Wegweiser der Neuen Zeit
ISBN: 978383918516

Zauber der Natur - Wunder der Schöpfung
Fotogedichtband
ISBN: 9783839189306

Der Welten Wunder schaun
Fotogedichtband
ISBN: 9783842306615

Vom Wunder der Liebe
Liebeslyrik
ISBN: 9783842325111

Lebenswege
Poesie über die Vielfalt des Lebens
ISBN: 9783752817126

Frühling ists wieder
Oden an den Frühling
ISBN: 9783842355705

Von Feen, Elfen, Hüterwesen
Gedichte aus den anderen Welten
ISBN: 9783842371040

Von Elfen, Träumen und Inneren Räumen
Gedichte für die Seele
ISBN: 9783844807219

Bücher:

ICH BIN Quellen des Lichtes
lichtvolle Geschenke aus dem Herzen
der Erzengel Gabriel & Raphael
Anwendungs- & Orakelbuch
mit Kartendeck
ISBN: 9783839173442

Geschichten der Hoffnung
Seelenmärchen für die Erwachten
ISBN:9783848219483

Vom Leben
Wahre und wunderbare Geschichten
die das Leben schrieb
ISBN: 9783848220274